I0037153

Inversión En El Mercado De Valores Para

Principiantes Y Dummies

Por: Giovanni Rigters

Copyright © 2019 por Giovanni Rigters

Todos los derechos reservados.

Ninguna parte de este libro puede ser reproducida en ninguna forma ni por ningún medio electrónico o mecánico, incluidos los sistemas de almacenamiento y recuperación de información, sin el permiso por escrito del autor. La única excepción es por un revisor, que puede citar breves extractos en una revisión.

Tabla de Contenidos

Descargo de responsabilidad importante

Este libro se presenta únicamente con fines educativos y de entretenimiento. El autor no lo ofrece como asesoramiento legal, contable, financiero, de inversión u otros servicios profesionales. El contenido de este libro es la única expresión y opinión del autor. No es una recomendación para comprar o vender acciones, acciones o valores de ninguna de las compañías o inversiones aquí mencionadas. El autor no puede garantizar la exactitud de la información aquí contenida. El autor no será responsable de ningún daño físico, psicológico, emocional, financiero o comercial, incluyendo, pero no limitado a, daños especiales, incidentales, consecuentes u otros daños. Usted es responsable de sus propias decisiones, acciones y resultados. Por favor, consulte con un profesional competente en impuestos y/o inversiones para obtener asesoramiento sobre inversiones e impuestos.

Introducción

Es hora de tomar en serio su vida financiera y empezar a pensar en el futuro. Nadie puede y debe trabajar toda su vida; usted todavía quiere disfrutar de la vida, pasar tiempo de calidad con su familia y su cuerpo no le permitirá trabajar para siempre. Además, hoy en día no se puede contar con una pensión como en los "buenos tiempos".

Por lo que, depende de usted y de nadie más tomar las medidas necesarias para construir su riqueza. El proceso no es difícil, pero tendrá que prestar atención y usar algo de su tiempo en aprender a invertir. No hay manera de evitarlo.

Hay muchas maneras de invertir, y hay muchas cuentas de inversión diferentes en el mercado, pero no es tan difícil o complicado de escardar a través de la jungla de inversión. También es muy probable que empieces a disfrutarlo y lo lleves al siguiente nivel invirtiendo en empresas individuales.

En primer lugar, tenemos que empezar con lo básico de lo que son las acciones y lo que es el mercado de valores. Profundizaremos en cómo ganar dinero y qué hacer si hay un colapso del mercado. Luego veremos algunos conceptos erróneos y errores comunes que la gente comete en el mercado de valores. Así que, síganme mientras atravesamos esta jungla en nuestro camino al paraíso.

Capítulo Uno: ¿Qué son las acciones? ¡La manera más fácil de hacerse rico!

Una acción es simplemente una parte de una empresa. Una acción representa la propiedad y es un activo que usted puede comprar. Las personas que poseen estas acciones se llaman accionistas.

Veamos un ejemplo. Si usted y su familia van a comer un pastel o pizza que tenga 8 rebanadas, entonces todos recibirán por lo menos una pieza o rebanada. De las ocho rebanadas, sólo tienes una y tu papá dos.

Conseguiste uno/ocho o el 12,5% de la pizza y tu padre el 2/8 o el 25%.

Las compañías trabajan de la misma manera, pero en lugar de 8 acciones, podrían tener acciones por millones o incluso miles de millones.

McDonald's tiene 797 millones de acciones en circulación. Walmart tiene 2.900 millones y Facebook tiene 2.300 millones de acciones en circulación.

Las acciones en circulación son un término utilizado para explicar la cantidad total de acciones de la compañía en el mercado de valores para que los accionistas las compren y las vendan entre ellos. Los accionistas pueden ser personas o diferentes tipos de instituciones.

Además, usted no está limitado por la geografía a la hora de invertir, ya que puede comprar acciones de empresas de todo el mundo. Por lo tanto, si desea comprar acciones de empresas de los Países Bajos o incluso de Brasil, puede hacerlo.

Una cosa a la que debe prestar atención es que hay dos tipos de acciones en el mercado, las acciones de crecimiento y las acciones de ingresos.

Las empresas que ven subir rápidamente el precio de sus acciones, como las empresas de tecnología, son acciones de crecimiento, por ejemplo, Facebook y Twitter. Se trata de empresas de rápido crecimiento y cualquier ingreso que obtengan se reinvierte en la empresa **para** un mayor crecimiento y expansión.

Las acciones de renta, mis favoritas, son acciones que periódicamente pagan un dividendo a sus accionistas. Esto suele ser trimestral, pero también puede ser mensual, semestral o anual.

Las empresas que pueden permitirse pagar los ingresos de sus accionistas son grandes empresas bien establecidas, como Procter & Gamble o Pepsi Company.

La posesión de acciones de crecimiento y de ingresos tiene sus ventajas. Las acciones de crecimiento tienen el potencial de aumentar su valor rápidamente, pero también son más volátiles y arriesgadas. Las acciones de renta, por otro lado, proporcionan un flujo consistente de ingresos por dividendos, pero la acción en sí podría no apreciarse tan rápido como una acción de crecimiento.

Para estos dos tipos de acciones, también hay dos tipos diferentes de inversionistas, inversionistas de crecimiento e inversionistas de valor.

A los inversionistas de crecimiento les encanta cuando ven que el precio de sus acciones aumenta de valor, lo que también se conoce como ganancia de capital. También están más dispuestos a asumir mayores riesgos por una recompensa aún mayor.

A los inversionistas les gusta analizar las métricas y números de una compañía y están dispuestos a esperar hasta que sea el momento adecuado para comprar **acciones** de una compañía. Los inversores de valor son buenos en descubrir grandes compañías que son consistentes en su desempeño y es probable que se mantengan fuertes en el futuro en base a los productos o servicios que venden en el mercado en el que se encuentran.

Usted podría estar pensando que para empezar a comprar acciones necesita tener una tonelada de dinero o ser millonario. Eso no es cierto en absoluto, puedes empezar comprando sólo una acción de una compañía.

Mientras escribo esto, vi que las acciones de Nike se venden por 60 dólares, las de Coca-Cola por 46 dólares y las de Twitter por 21. Ahora, esto no es un respaldo para comprar estas tres acciones. Es sólo un ejemplo de que no es necesario gastar miles de dólares para ponerse en marcha.

Ahora con la definición aburrida completa, veamos cómo la gente se enriquece con acciones.

Las cuatro formas principales en que la gente puede hacerse rica son:

- ganancias de capital

- bonificaciones
- venta corta
- negociación de opciones

Los **dos** últimos requieren un poco de habilidad y trabajo, además, no son tan pasivos como los dos primeros.

Las ganancias de capital suceden cuando sus acciones ganan en valor. La belleza de esto es que no se realiza ningún trabajo físico, es todo pasivo.

Digamos que usted compró 10 acciones de las acciones de Coca-Cola de $46 el martes, de modo que sus acciones valen $460. El viernes las acciones subieron a 52 dólares.

Sus acciones (**capital**) acaban de aumentar (**ganancia**). Su inversión ahora vale $520.

Así que, su capital aumentó en 60 dólares. Ahora bien, si usted poseía 100 o incluso 1000 acciones, ese aumento de $6 se vería aún mejor.

Con los dividendos usted se enriquece comprando constantemente acciones que pagan dividendos, reinvirtiendo esos dividendos y también disfruta de los aumentos de dividendos de las propias compañías.

Con dividendos, es más bien un **efecto bola de nieve**. Al principio, sus ingresos son bajos, pero con el tiempo aumentan exponencialmente, lo que le permite vivir de sus ingresos por dividendos sin tener que vender sus acciones.

Su meta a largo plazo debe ser invertir para enriquecerse

Capítulo Dos: ¿Qué es el mercado de valores?

El mercado de valores es como cualquier otro mercado en el que compradores y vendedores se reúnen para comerciar con bienes o servicios.

Piensa en el mercado de autos. Usted es el comprador que está interesado en comprar un nuevo auto rojo. Usted se dirigirá a la concesionaria de automóviles donde será recibido por vendedores ansiosos. Te muestran los últimos modelos de coches y después de un tiempo de ida y vuelta, te convencen de que pagues un poco de dinero a cambio de un coche nuevo.

El mercado de valores o la bolsa de valores funcionan de la misma manera, pero en lugar de que el coche sea el producto son las acciones.

Las dos bolsas de valores más conocidas de América del Norte son la Bolsa de Nueva York y el NASDAQ. Es en estos mercados de valores donde se pueden comprar acciones de compañías como Snapchat, Apple y Starbucks.

Una de las principales diferencias entre la Bolsa de Valores de Nueva York y el NASDAQ es que la primera, ofrece operaciones tradicionales y la segunda, es electrónica.

El comercio tradicional es el comercio cara a cara, en el que los compradores y vendedores de acciones se encuentran en la sala de operaciones ejecutando órdenes. En el NASDAQ todos los pedidos se realizan electrónicamente a través de computadoras y teléfonos.

Muchas empresas pequeñas y prometedoras pueden ser negociadas en el mercado extrabursátil o en el **mercado OTC**. Aquí es donde los inversores pueden comprar y vender acciones de un centavo.

En el pasado, los mercados de valores sólo estaban disponibles para los adinerados y acaudalados entre nosotros. Pero desde que las puertas **se** abrieron a la gente común, ha sido uno de los principales vehículos para producir riqueza.

Ha habido muchas veces en la historia donde el mercado se derrumbó y la gente terminó perdiendo todo o la mayor parte de su dinero. Una caída de la bolsa de valores provoca temor en los corazones de muchos accionistas porque muchos accionistas tienen su jubilación y su patrimonio invertido en la bolsa de valores.

¿Por qué el mercado sube y baja y se desploma cada dos años? Para una explicación, tenemos que considerar tanto el corto como el largo plazo.

Las fluctuaciones del mercado a corto plazo pueden ser provocadas por cualquier cosa, como la especulación de los accionistas, las malas noticias sobre un sector, los cambios en las políticas gubernamentales, las empresas que cumplen o superan sus objetivos previstos, y así, la lista continúa.

Recuerdo que en 2006 o 2007 había un popular restaurante de comida rápida en Nueva York que se vio obligado a cerrar porque el lugar tenía un problema de infestación de ratas.

Incluso después de que se cerró, se podía ver a las gigantescas ratas de la ciudad de Nueva York correr de un lado a otro dentro del restaurante.

Malas noticias como esta hicieron que los accionistas enloquecieran y la compañía vio un descenso en el precio de sus acciones.

Después de un tiempo, el precio de las acciones volvió a subir. Probablemente sepas de qué restaurante estoy hablando, pero si no sólo haces una búsqueda rápida en línea, mejor aún usa Youtube.com.

Las fluctuaciones en el mercado de valores están influenciadas por el ciclo de mercado en el que nos encontramos. En tiempos de prosperidad, la bolsa de valores se encuentra en un mercado alcista, lo que significa una tendencia al alza.

En tiempos de dificultades económicas e incertidumbre, el mercado de valores tiende a estar en un mercado bajista, lo que constituye una tendencia a la baja.

Además de comprar acciones, también puede comprar fondos mutuos, bonos, futuros, opciones, materias primas, fondos indexados y ETFs en el mercado.

Las empresas que cotizan en bolsa son todas empresas que cotizan en bolsa. Esto significa que estas empresas deben ser transparentes con sus accionistas en cuanto a sus actividades comerciales.

También necesitan presentar informes trimestrales llamados 10Qs e informes anuales llamados 10Ks junto con un informe anual.

Para cotizar en bolsa, una empresa privada en el mercado primario se hace pública a través de una **oferta pública inicial** que permite que sus acciones sean compradas y vendidas en el mercado secundario, que es el mercado al que los inversores habituales como usted y yo tenemos acceso.

Una empresa sólo gana dinero durante la salida a bolsa, vendiendo sus acciones al público. Está entonces en manos de los accionistas que pueden negociar entre sí.

Por supuesto, una empresa sigue siendo propietaria de la mayoría de sus acciones y puede volver a comprar acciones, y tiene sentido desde el punto de vista financiero o comercial.

Con todos los diferentes riesgos que implica el mercado de valores, mucha gente sigue invirtiendo en él, porque a largo plazo ha demostrado ser un gran generador de riqueza.

Capítulo Tres: Cómo comprar acciones

Antes de entrar a comprar una acción o varias acciones, usted necesita tener una meta que desea alcanzar.

¿Está invirtiendo para su jubilación? ¿Quiere comprar acciones porque cree que puede ganar dinero rápidamente? O tal vez sólo quiere mojar los pies y ganar algo de experiencia.

Responder a la pregunta reflexiva, cuál es su objetivo, determinará qué tipo de inversionista será, cuánto dinero necesitará y cuánto tiempo deberá retener las acciones que planea comprar.

Responder a esta pregunta también determinará si usted es un inversionista a corto o largo plazo.

A los inversores a corto plazo les gusta comprar y vender con frecuencia en el mismo día o en un par de semanas. Estos operadores se denominan inversores de un día e inversores especuladores. Estos operadores tratan de ganar dinero rápidamente comprando a un precio bajo y vendiendo a uno alto. Están en sus cuentas de operaciones todos los días en el mercado de valores, buscando oportunidades para obtener beneficios.

Los inversores a largo plazo adoptan un enfoque diferente. Todavía están pendientes de la evolución de sus acciones. Pero adoptan el enfoque a largo plazo de comprar acciones para mantenerlas durante 5, 10 o muchos años más. Si invierte para la jubilación, adoptaría el enfoque a largo plazo.

También debe preguntarse cuánto riesgo está dispuesto a asumir si compra acciones. El mercado de valores puede ser muy volátil y usted podría perder una tonelada de dinero si no tiene cuidado.

Si usted es un inversor joven que tiene algo de dinero para invertir y no le importan las subidas y bajadas a corto plazo del mercado, entonces puede asumir una buena cantidad de riesgo.

Pero si usted está cerca de la jubilación, quiere conservar y hacer crecer su dinero, entonces debe ser más cauteloso al invertir y comprar acciones.

También es una buena idea hablar con un asesor financiero o un planificador financiero.

Para empezar a invertir necesita una cuenta de inversión. Esta cuenta le da acceso a comprar y vender acciones, también llamadas acciones. Hay muchos tipos de cuentas en el mercado, pero las más prominentes son la 401k, IRA, Roth IRA, la cuenta de corretaje tradicional, la 403b, y la cuenta de ahorros para la educación, también llamada ESA.

Los 401k y 403b están disponibles sólo a través de su empleador si deciden inscribirse en estas cuentas. Las compañías también ofrecen un cierto porcentaje o cantidad de dólares para motivar a sus empleados a participar en los planes. Sin embargo, hay un límite sobre cuánto puede contribuir una persona en un 401k o 403b.

El IRA, que significa una cuenta de jubilación individual, y la Roth IRA son cuentas de jubilación que usted puede establecer con una firma de inversión, banco o cooperativa de crédito.

Tres diferencias entre el IRA y el 401k son los montos límite, la correspondencia de la compañía y la selección de opciones de inversión. IRAs y Roth IRAs siempre tienen un límite más bajo en comparación con los 401k, IRAs tampoco ofrecen una contribución igualada de la compañía.

Donde las IRAs y las Roth IRAs se destacan es en permitirle invertir en lo que quiera. La inversión a través de un 401k siempre está limitada por lo que la compañía ha elegido para sus empleados, que son fondos de jubilación de fecha objetivo, una selección limitada de fondos mutuos y fondos de índice y ninguna acción individual para seleccionar a menos que la compañía le permita comprar algunas de sus acciones.

Además, usted no tiene que elegir entre establecer un 401k o IRA, porque se le permite tener ambos.

Los 401k y las IRAs lo penalizan si usted retira su dinero antes de cumplir 59 años y medio. Usted es castigado con la multa del 10% y es más que probable que también vaya a pagar impuestos.

Aquí es donde las cuentas de corretaje tradicionales intervienen. La cuenta de corretaje le permite retirar su dinero en cualquier momento, pero usted, sin embargo, pagará impuestos sobre sus ganancias de capital y dividendos, pero no se verá afectado con una multa del 10%.

Con todos los diferentes tipos de cuentas en el mercado puede ser difícil elegir una para empezar, así que déjeme decirle lo que he hecho. Primero, me inscribí en el 401k y obtuve mi pareja de la compañía, luego abrí una cuenta Roth IRA con un corredor de descuento y luego abrí una cuenta de corretaje tradicional. No olvide que no está limitado por el número de cuentas de inversión que pueda tener.

Algunas de las principales firmas de corretaje son:

- Aliado
- Comercio electrónico
- TD Ameritrade

Abrir una cuenta también es muy fácil. Simplemente diríjase al sitio web de inversión y haga clic en el botón "Abrir Cuenta" o también puede llamarlos y ellos le ayudarán con mucho gusto a abrir su cuenta.

Para comprar acciones, debe conocer el símbolo de la empresa en la que desea comprar acciones. El símbolo es la única abreviatura de la empresa en el mercado de valores, por ejemplo, la Pepsi Company se encuentra bajo el símbolo **PEP**, Amazon es **AMZN** y Walt Disney es **DIS**.

Una vez que conozca el símbolo de pizarra, estará listo para saber cuál es el precio de una acción y cuántas quiere comprar. Diríjase a su cuenta de corretaje e inicie sesión, navegue hasta su opción de negociación y escriba el número de acciones que desea comprar.

En mi ejemplo a continuación, estamos buscando comprar 5 acciones de Coca-Cola. Ahora tiene que elegir el tipo de pedido. Sigamos adelante y elijamos la orden de mercado, lo que significa que compraremos las acciones al precio que sea en el mercado en ese momento.

Action	Shares	Symbol	Price
◉ Buy ◯ Sell ◯ Sell Short ◯ Buy to Cover	5	KO 🔍 Find Stock Symbol Preferred Stock Format	◉ Market ◯ Limit ◯ Stop ◯ Stop Limit ◯ Market on Close

Advanced Orders: [⬍]

Preview Order

Disable Preview Step

A continuación, podrá pre visualizar su orden donde podrá ver lo que está comprando, cuántas acciones, cuál es su comisión, es decir, su comisión comercial y el total de su orden.

Please Review Your Order Carefully

Account: 38721198 - Individual Account   As of: 01/01/01 3:45 PM ET

Action	Amount	Symbol	Description	Price	Duration	Qualifiers	
Buy	5 Shares	KO	COCA-COLA CO (THE)	Market	Day Order	None	Modify

Estimated Commission: $4.95
Estimated Order Total: $237.90

Place Order

Si usted está operando durante el horario normal, que es de lunes a viernes a las 9:30 a.m., su orden se ejecutará inmediatamente y su cuenta de operaciones se actualizará con las acciones que usted acaba de comprar.

Por lo tanto, este es un proceso bastante fácil. Sin embargo, lo importante es comprar acciones en el momento adecuado, observando tanto el análisis técnico como el fundamental de una empresa.

Capítulo Cuatro: El mercado de valores se derrumbará! Esto es lo que debe hacer

Un desplome de la bolsa de valores se produce cuando hay un descenso dramático y rápido de las cotizaciones bursátiles en muchos sectores o industrias. Este declive se produce rápidamente en tan sólo unos días o puede llevar algún tiempo llegar al fondo, por así decirlo. Esta caída es tan significativa que los mercados bursátiles terminan cerrando temprano para evitar que las cotizaciones bajen aún más.

Una **corrección bursátil** no debe confundirse con una caída. Se produce una corrección cuando el mercado ha sido sobrevalorado y necesita ser ajustado bajando a su respectiva valoración. Las correcciones del mercado ocurren a menudo y por lo general no duran mucho tiempo, porque cuando se han reajustado, se vuelve a la normalidad.

Un colapso, sin embargo, es cuando todo el infierno se desata y el cielo se está cayendo. Escucharán a los noticieros predicando el fin del mundo y verán que los políticos se culpan unos a otros por las políticas que llevaron al colapso.

Una caída bursátil puede estar influenciada por muchos acontecimientos: como una depresión o recesión económica, inestabilidad en los países y especulaciones de los accionistas que pujan tanto por las acciones que forman burbujas en los mercados bursátiles.

Esto es puramente emocional y toda la lógica está fuera de lugar. La burbuja siempre termina estallando y los accionistas empiezan a vender con pánico. Cuando esto sucede, usted necesita mantener la calma, por supuesto; si entra en pánico, cometerá errores.

Lo primero que hay que recordar es que hemos tenido accidentes en el pasado. Cada uno siempre ha sido diferente, pero hemos sido capaces de recuperarnos.

Si usted es un inversor a corto plazo, entonces este es el momento adecuado para iniciar la **venta corta**, que es el acto de pedir prestadas acciones, venderlas al precio de mercado más alto, que comprarlas de nuevo a un precio de mercado más bajo y, finalmente, devolver esas acciones prestadas, la diferencia es su beneficio.

Si usted está jubilado o cerca de jubilarse, su dinero debe estar en activos de renta fija más seguros, por lo que no debe sentir demasiada presión. Estoy hablando de activos como bonos, dinero en efectivo, cuentas del mercado monetario, cuentas de ahorros y anualidades.

Sólo un pequeño porcentaje necesita estar en stock. Si usted es un inversionista a largo plazo, continúe apegado a su estrategia de inversión de comprar constantemente inversiones semanales, quincenales o incluso mensuales.

Lo que usted está haciendo se llama **promedio del costo en dólares**. Esto es cuando usted invierte una cantidad fija de dólares periódicamente para comprar inversiones. Si usted está invirtiendo a través de su empleador en el 401k, entonces ya está participando en el promedio de costo en dólares, porque el dinero que se saca de su cheque se invierte semanalmente, **quincenalmente** o mensualmente sin importar lo que esté sucediendo en el mercado.

El beneficio de esto es que elimina sus emociones porque su dinero se invierte durante los buenos y los malos tiempos. Por lo tanto, usted está comprando inversiones cuando son costosas y baratas, lo que en promedio lo supera.

La mayor ventaja de invertir durante una caída del mercado es que se pueden comprar acciones realmente baratas. Es como ir a través de su tienda local y ves que todo está a la venta con un 40% de descuento. Así que, esos nuevos zapatos negros que querías ahora tienen un 60% de descuento. El nuevo MacBook que quieres comprar... 50% de descuento.

Sé que la mayoría de la gente no tiene las ganas de comprar durante una caída, esto es cuando el promedio de costo en dólares es su necesitado amigo. Permitirle comprar acciones mientras son baratas también aumenta su interés compuesto, que es el interés que ha recibido sobre el monto de su inversión original, el cual se combina con el interés más reciente que acaba de recibir.

Así que, en otras palabras, estás haciendo que tu interés se interese.

Mientras que todo el mundo a su alrededor está entrando en pánico vendiendo con pérdidas y perdiendo sus inversiones, usted está comprando tranquilamente más activos a través del promedio del costo del dólar y subestimando las acciones individuales a un precio asequible y aferrándose a ellas a largo plazo.

Por otra parte, asegúrese de mantener sus acciones que pagan dividendos, ya que estas compañías son en su mayoría líderes establecidos en el mercado. Cuando hay un desplome, tienden a recuperarse más rápido en comparación con las acciones que no pagan dividendos, como la mayoría de las compañías de tecnología.

El dividendo que usted recibe de estas compañías también actúa como un amortiguador para disminuir el golpe abrupto; compañías como McDonald's, Pepsi y Nike continuaron pagando dividendos incluso durante la caída de la vivienda de 2008-09.

Veamos dos ejemplos de caídas del mercado de valores. El primer ejemplo es el choque de 1929 que condujo a la Gran Depresión. Diferentes banqueros, empresas de inversión y operadores participaron en la manipulación de los mercados comprando grandes cantidades de acciones altamente sobrevaluadas y vendiéndolas a inversores minoristas insospechados. Inversores como usted y yo.

Debido a que estas empresas compraron un gran número de acciones, estaban constantemente empujando al alza los precios de las acciones. Los inversores individuales vieron que los precios de sus acciones se disparaban y seguían comprando más porque no había límite, pensaron.

Incluso abrieron **cuentas de margen** que les permitían invertir con dinero prestado, ofrecido por sus firmas de corretaje. La mayoría de los inversores institucionales cosecharon sus recompensas y salieron del mercado, dejando a los inversores individuales con acciones sobrevaluadas.

Cuando ocurrió el declive, todo fue rápido. La gente no sólo perdió dinero, porque fueron golpeados con la **llamada de margen** para devolver el dinero que pidieron prestado, sino que también perdieron sus trabajos, su riqueza de jubilación (que por supuesto fue invertida en el mercado de valores), y muchas personas perdieron la cabeza.

El segundo accidente que veremos es el de las puntocom de principios de la década de 2000. La burbuja de las puntocom se **basaba exclusivamente en la especulación**. Internet era ese nuevo objeto brillante que todo el mundo quería que le quitara un pedazo. Todo el mundo y sus abuelas trataron de crear un sitio web y luego comercializarlo en el mercado secundario a través de una oferta pública inicial.

Muchas de estas empresas nunca pudieron obtener beneficios o estaban en números rojos, pero a la gente no le importaba, los sitios web se evaluaban por el número de clics que recibían o por el número de globos oculares que podían generar, en lugar de utilizar los métodos de valoración tradicionales, como los ingresos y los gastos.

En la cúspide de la burbuja, todo se derrumbó, como un castillo de naipes. Muchas empresas de nueva creación recibieron millones en fondos de capital de riesgo con la tarea imposible de conseguir algo tan grande, si no más grande, que los gigantes de la tecnología de esos días como Microsoft, Apple y Oracle.

Capítulo Cinco: Cómo hacer dinero en el mercado de valores

Entonces, usted quiere hacer dinero fácil en el mercado de valores, pero no sabe por dónde empezar, cómo tomar medidas o está tratando de averiguar cómo otros inversionistas exitosos están ganando dinero.

Examinaremos las dos formas más fáciles en que los inversores han podido enriquecerse invirtiendo en el mercado de valores. Lo mejor de todo es que usted también puede hacerlo. Las dos formas comunes en que los inversionistas ganan dinero en el mercado de valores son las ganancias de capital y los dividendos.

Explicación de las ganancias de capital

Cuando usted tiene su dinero invertido en el mercado de valores, el valor de este activo sube y baja. Cuando su dinero, también llamado su capital, aumenta de valor, usted acaba de recibir una **ganancia de capital** y cuando disminuye de valor se llama, usted lo adivinó, una **pérdida de capital**.

Mientras su dinero sea invertido en el mercado de valores, **no se realiza**. Sólo se realiza una vez que usted vende sus acciones.

Veamos un ejemplo; usted decide comprar 100 acciones de Nike por alrededor de $65. Sin tener en cuenta las comisiones comerciales, usted terminó comprando $6,500. Esto es también lo que vale su capital social de Nike.

Pasan unos días y decides comprobar el rendimiento de las acciones. Usted nota que el precio de las acciones de Nike bajó de $65 a $61. Por lo tanto, su capital también bajó de valor, de $6,500 a $6,100 para ser exactos.

Perdiste $400, que es tu pérdida de capital. Pero usted pensó en este capítulo y recordó que se trata de una pérdida de capital no realizada porque todavía está estacionado en el mercado de valores. Usted decide esperar y después de unos días más el precio de las acciones aumentó de nuevo a $65 y usted está contento de estar en un punto de equilibrio.

Después de unos días, alcanza los $72. Acabas de experimentar tu primera ganancia de capital no realizada y decides vender tus acciones de Nike. Usted vende todas sus 100 acciones al precio actual de $72. Por lo tanto, acaba de recibir $7,200 en su cuenta de efectivo (no se contabilizan los cargos por transferencia). Al vender, usted convirtió su ganancia no realizada en una ganancia de capital realizada.

$7200 - $6500 = $700, usted acaba de hacer rápidamente $700 sin hacer ningún trabajo físico.

Ahora, usted todavía tiene que pagar impuestos sobre sus ganancias de capital dependiendo del tipo de cuenta de inversión que estaba utilizando y de la categoría de impuesto sobre la renta en la que se encuentra.

Esta rápida explicación es cuántos días ganan dinero los inversores de un día y los especuladores e incluso los inversores a largo plazo. Analizan los gráficos de acciones observando indicadores y patrones para decidir cuándo comprar y vender acciones.

¡Usted hizo rápidamente 700 dólares con 100 acciones de Nike, pero si usted hubiera comprado 1000 acciones su beneficio habría sido de 7.000 dólares!

Si usted tiene dinero de sobra, no le gusta tomar riesgos y tiene tiempo libre, podría ganar un centavo rápidamente invirtiendo en las acciones de riesgo de centavo que hay por ahí.

Dividendos

El segundo método más común por el que los inversionistas ganan dinero es con los dividendos que reciben de las acciones que pagan dividendos.

Sigamos con el ejemplo de las acciones de Nike. Por lo tanto, usted compró 100 acciones a $65, pero en lugar de venderlas para obtener una ganancia de capital, decidió retener esas acciones durante un año. Nike ha hecho cuatro pagos de dividendos de $0.18 por acción para el año. Con sus 100 acciones, usted recibió $18 **por** cada trimestre o $72 en total.

Lo bueno de los dividendos es que estos pagos se depositan en su cuenta de efectivo o también puede reinvertirlos para comprar más acciones enteras o fraccionadas. Estas acciones enteras y fraccionarias también terminan pagando dividendos.

También hay desventajas en los dividendos. El dinero que usted recibe de los dividendos es en su mayoría mucho más bajo que el que recibiría de una ganancia de capital. Los dividendos también son una estrategia a largo plazo, no son una estrategia para enriquecerse rápidamente. Además, muchas compañías son escamosas con sus pagos de dividendos. Algunos recortan constantemente sus pagos de dividendos y otros dejan de pagar dividendos en tiempos de dificultades financieras. También hay empresas que nunca aumentan sus pagos de dividendos ni lo hacen después de años de haber pagado el mismo monto de dividendos.

Sin embargo, me gustan las acciones que pagan dividendos, pero sólo de compañías específicas. Hago investigación fundamental para ver qué compañías valen la pena comprar y también analizo el historial de pago de dividendos, especialmente en tiempos de turbulencia económica, porque las compañías que aún pueden pagar un dividendo cada vez mayor durante una caída del mercado de valores son compañías a las que hay que vigilar.

Veamos cinco acciones de pago de dividendos que debería tener en su lista de vigilancia.

Número uno: Nike - Este minorista de ropa deportiva vende sus productos en todo el mundo con un enfoque específico en los atletas. Sin embargo, la marca sigue siendo tan inmensamente popular que incluso los tipos no atléticos también eran prendas de vestir Nike. Los mayores productores de dinero son sus calzados, con su marca insignia Jordan siempre vendiéndose como pan caliente.

Número dos: la Pepsi Company - Muchos consumidores piensan que la Pepsi Company sólo es dueña de la bebida, pero también son dueños de marcas populares como Frito-Lay y Quaker Foods. The Pepsi Company ha hecho un gran trabajo diversificando su cartera de marcas con bienes de consumo de alta calidad.

Número tres: Coca-Cola - Esta compañía, que es una de las marcas más reconocidas a nivel mundial, posee muchas marcas adicionales además de la icónica marca de Coca-Cola, como Minute Maid, Vitamin Water y Powerade.

Número cuatro: Ingresos de bienes raíces - Este fondo de inversión de bienes raíces (REIT) tiene inquilinos como Walgreens, FedEx y LA Fitness. Operan en todo el país y también están diversificados en muchas industrias diferentes. También pagan un dividendo mensual, lo que los convierte en la compañía de dividendos favorita de muchos inversores.

Número cinco: Fastenal - Esta empresa bastante aburrida vende suministros industriales y de construcción. Aunque Fastenal no se encuentra en una industria apasionante como la tecnología, la compensa por su consistencia en la entrega de valor tanto a sus clientes como a sus accionistas.

Capítulo Seis: Dividendos - Invertir para obtener ingresos pasivos

Si desea invertir para obtener ingresos pasivos, busque sólo acciones que paguen dividendos.

Hablaremos de qué son los dividendos, por qué las empresas los reparten a los accionistas y los pros y contras. Al final, le daré cuatro grandes acciones de dividendos para que las ponga en su lista de vigilancia.

Los dividendos son una gran manera de ganar un ingreso consistente. Las empresas pagan dividendos a sus accionistas trimestralmente, pero algunas empresas pagan dividendos mensuales, semestrales o anuales.

Cuando usted recibe un dividendo, éste se deposita en su **cuenta de efectivo** o se reinvierte para comprar más acciones enteras o fraccionadas. Esto también se denomina plan de reinversión de dividendos o **DRIP**.

La meta final de una estrategia de dividendos es recibir pagos de dividendos que cumplan o superen sus **ingresos ganados**. Es en este momento que usted puede jubilarse y vivir de los ingresos por dividendos sin tener que vender las acciones subyacentes.

También es importante que estos pagos de dividendos crezcan más rápido que la inflación para mantener su poder de compra.

¿Necesita 1 millón de dólares para comenzar a invertir en acciones que paguen dividendos? Por supuesto que no. Puede empezar comprando una o dos acciones de empresas que pagan dividendos.

Sin embargo, le ayudará si tiene más dinero para invertir porque obtendrá más ingresos por dividendos. Cuantas más acciones posea, más dividendos obtendrá.

Por ejemplo, The Coca-Cola Company paga un dividendo trimestral de 37 centavos, lo que suma un dólar y 48 centavos al año.

Eso es lo que recibirías si tuvieras sólo una acción de Coca-Cola, pero si tuvieras 100 acciones recibirías $148 por el año.

Para ver el impacto de sus dividendos, hay tres cosas que debe tener en cuenta.

El número uno es, por supuesto, comprar acciones de dividendos de manera consistente. Número dos, los dividendos que usted recibe necesitan ser reinvertidos o usados para comprar otras acciones que pagan dividendos y número tres, las compañías en las que usted invierte necesitan aumentar sus dividendos más rápido que la inflación cada año.

Estos tres factores aumentarán sus ingresos por dividendos. Las empresas que pagan dividendos suelen ser empresas de primera categoría. Se trata de empresas bien establecidas y de gran envergadura. Son las principales empresas de su sector, como Walmart, 3M y Procter & Gamble.

Debido a que estas empresas están bien establecidas, tienden a no experimentar una tonelada de crecimiento, como una empresa emergente exitosa.

Muchas de estas empresas de primera clase generan una tonelada de dinero en efectivo, que terminan pagando como dividendo a sus accionistas.

Los accionistas exigen estos dividendos de las empresas como pago por invertir y creer en la empresa, pero el liderazgo en la empresa también se beneficia de los pagos de dividendos, porque reciben acciones y opciones.

Por lo tanto, digamos que usted tiene una compañía local exitosa que vende helados y está planeando expandirse a nivel nacional. Usted necesita más capital para lograr esto, por lo que se conecta con los inversores que invertirán en su empresa, pero que quieren la propiedad en forma de acciones.

Su empresa se hace pública y después de 15 años ha sido capaz de expandirse a nivel nacional. Su negocio se encuentra en un punto en el que el crecimiento se está ralentizando.

Sus inversores que se han quedado con estas acciones quieren recibir parte de su dinero de inversión. Por lo tanto, usted decide pagar dividendos a sus inversionistas, para que puedan tomar sus ingresos por dividendos e invertirlos en una nueva oportunidad de negocio.

Tenga en cuenta que no todas las empresas pagan un dividendo, porque todas las empresas pasan por el ciclo de vida del negocio.

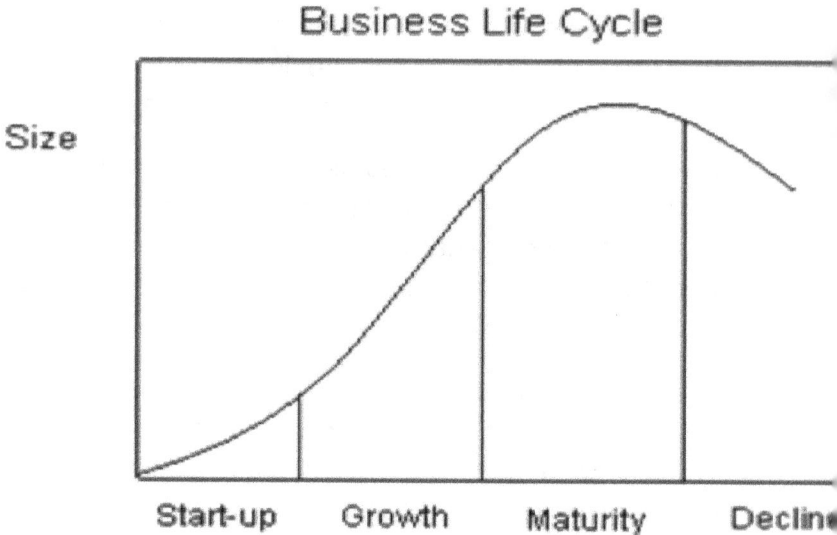

Business Life Cycle

Size

Start-up   Growth   Maturity   Decline

Un negocio comienza primero como una idea en la mente del creador. Es en esta fase inicial donde puede ser un pequeño grupo de personas trabajando juntas, creyendo en la idea del creador.

Es también en este punto donde los inversores de capital de riesgo y los inversores ángeles pueden ver el potencial del negocio.

Después de resolver todos los problemas y aprender de sus errores, la empresa debe tener una base de clientes. Ahora puede entrar en la fase de crecimiento. En esta fase todavía hay muchos problemas de crecimiento, aquí también es donde una empresa puede decidir salir a bolsa y emitir acciones a accionistas potenciales.

Todos los ingresos que genera una empresa se invierten en la misma para hacerla crecer y pensar en empresas como Snapchat.

Una empresa llega finalmente a la etapa de madurez cuando está bien establecida y es líder en su espacio. Es en esta etapa del ciclo en la que la mayoría de las compañías comienzan a pagar dividendos a sus accionistas, compañías como Walmart Clorox, ExxonMobil e incluso Johnson & Johnson.

Ser un líder en su mercado es genial, pero si las empresas no tienen cuidado pueden pasar al ciclo de declive en el que sus productos se están volviendo obsoletos, como las fotos de Walkman o Polaroid.

Algunos de los pros de la inversión de dividendos:

Son estables y consistentes más que las ganancias de capital. Usted se beneficia del pago en efectivo y también del aumento en el precio de las acciones.

Debido a que estas compañías son vistas como más estables, tienden a tener un mejor desempeño durante la caída del mercado de valores, porque los inversionistas venderán sus acciones de mayor riesgo y buscarán compañías y bonos más seguros y estables en los que invertir.

También puede planificar sus ingresos de dividendos, lo que es más difícil de hacer con las ganancias de capital.

Un par de desventajas de la inversión de dividendos son: las compañías que pagan dividendos tienden a apreciarse más lentamente en el mercado de valores.

Las empresas también pueden recortar o incluso dejar de pagar un dividendo y algunas empresas ni siquiera aumentan sus dividendos.

Por lo tanto, es importante invertir únicamente en grandes empresas que paguen dividendos, que no sólo pagarán un dividendo saludable, sino que también tendrán la capacidad financiera para hacer crecer estos dividendos cada año.

Veamos cuatro de estas compañías:

Número uno: Walmart - este gigante minorista tiene tiendas en todo el mundo, ahorrando dinero a sus clientes al ofrecer productos a precios competitivos. Últimamente, se han centrado mucho más en su presencia en línea. Compraron jet.com y una empresa de mensajería para mejorar su entrega el mismo día.

Número dos: Lowe's - el segundo minorista de mejoras para el hogar más grande, y por supuesto Home Depot es el número uno. Lowe's ha hecho un trabajo tan bueno en su campo, ¡que han sido capaces de pagar un dividendo en constante crecimiento durante más de 50 años!

Número tres: McDonald's - los arcos dorados han sido arrastrados por el barro, especialmente con la generación más joven que se centra más en alimentos y bocadillos más saludables. Sin embargo, McDonald's sigue siendo el restaurante de comida rápida número uno y este gigante paga un dividendo trimestral.

Y número cuatro: Fastenal - esta desanimada empresa proporciona herramientas y equipos para que las empresas creen productos, construyan y mantengan instalaciones y también vendan productos de seguridad para el personal. Fastenal no sólo tiene un gran negocio, sino que también tiene clientes frecuentes. Nada es más importante para una empresa que tener clientes que vuelven constantemente a comprar sus productos.

Capítulo Siete: El 90% de los inversionistas cometen estos 5 errores

Cometer un error te hará rascarte la cabeza y pensar en lo que has hecho mal. Pero cometer errores adicionales seguramente hará que usted quiera dejar de fumar.

Quiero evitar que esto ocurra haciéndole saber cuáles son los cinco errores comunes que cometen los inversionistas, para que no caiga en su trampa.

Número uno: los llamados gurús financieros o bursátiles.

Estas son las llamadas personalidades que te dicen qué comprar y cuándo vender. También podrían terminar gritando sus predicciones.

Siempre debe ser cauteloso cuando alguien le da consejos de inversión. A veces hay incentivos financieros que entran en juego al aconsejarle qué comprar.

Siempre cuestiona la información que recibes y que tu gurú tiene esas inversiones que él o ella te está lanzando en su portafolio. Los gurús saben cómo aprovechar los miedos y las emociones de las personas para hacerlas pasar a la acción.

Seguir al rebaño también es muy arriesgado. En vez de seguir a un gurú, estás siguiendo a todos los demás. Por lo tanto, si hay miembros de la familia o incluso colegas en el trabajo que le dirán qué comprar y vender, usted los escucha sin siquiera hacer su investigación primero.

Esto es muy peligroso y así es como la gente pierde su dinero, escuchando consejos calientes.

Usted no quiere seguir el rebaño, son fácilmente influenciables y actúan sobre las emociones sólo cuando se trata de invertir en el mercado de valores. El rebaño no es lógico, en absoluto, y sólo siguen las últimas tendencias con la esperanza de enriquecerse rápidamente.

Número 2: no ser paciente y esperar riqueza inmediatamente

La gente invierte en el mercado de valores para enriquecerse, ahorrar para la jubilación o mantener la riqueza que ha acumulado. Ser impaciente y esperar resultados demasiado pronto te dejará decepcionado y abierto a cometer errores.

Cada uno de nosotros ha oído historias de inversores que hacen millones con pequeñas inversiones. La mayoría de estas historias son la excepción porque la gran mayoría de los inversores tienen que invertir a largo plazo para ver ganancias significativas en sus inversiones.

Por supuesto, es posible hacer una tonelada de dinero rápido, pero eso también es muy arriesgado. Cuanto mayor sea el riesgo de su inversión, mayor será la recompensa potencial, pero también podría ser su perdición.

Número 3: no disfrutar del proceso de inversión

Usted no necesita ser apasionado en invertir para que funcione a su favor, pero necesita tener algún interés en invertir. Si la idea de hacer su debida diligencia para decidir en qué compañías invertir no despierta su interés, entonces es mejor invertir pasivamente, lo que es invertir en fondos mutuos, ETFs o fondos de índices.

No hay absolutamente nada malo en ser un inversionista pasivo y también se recomienda para los inversionistas principiantes.

Así es como empecé, invirtiendo en fondos mutuos, bonos y fondos indexados. Rápidamente aprendí que invertir no era demasiado difícil y pensé que era algo interesante. Luego pasé de ser un inversionista pasivo a ser un inversionista activo, investigando compañías individuales en las que quiero invertir, comprándolas cuando están infravaloradas y asegurándome de que mi asignación de activos esté al día.

Número cuatro, darse por vencido demasiado pronto en el mercado

Muchos de nosotros hemos tenido una mala experiencia con el mercado o conocemos a alguien que lo ha hecho.

Las caídas de la bolsa ocurren con demasiada frecuencia, dejando a los inversores decepcionados, frustrados y estresados.

Muchos inversores también son estafados para que inviertan en empresas sospechosas, que terminan colapsando en el mercado de valores. Como mi padre, que fue contactado por una firma de inversión para invertir en este fondo de inversión en particular, listo para crecer.

Terminó perdiendo todo su dinero y juró no volver a invertir nunca más. Afortunadamente, he podido mostrarle el error de su camino y se ha convertido en un ávido inversor. Tengo que retrasarlo para que no compre demasiadas acciones, especialmente cuando están sobrevaluadas.

Si estás listo para rendirte, **¡no lo haga!** Trate de averiguar qué es lo que hizo mal y pida ayuda si la necesita. El mercado de valores sigue siendo una de las mejores formas de crear riqueza.

Número 5: saltando sin goles

Las metas son su hoja de ruta para el éxito. Sin un mapa, nunca podrá llegar a su destino. Imagina viajar de Kansas a Nueva York sin un mapa. Tendrá una experiencia de viaje mucho más placentera con su mapa a su alcance.

Esto también se aplica a la inversión. Necesitas tener una meta. ¿Está planeando un día de comercio para ganarse la vida? ¿O quiere invertir en acciones de un centavo? Tal vez usted está invirtiendo el horizonte de tiempo es de sólo 10 años.

Estas cosas influirán en su estrategia de inversión. Está bien empezar y probar las aguas sin un plan al principio. Pero rápidamente se da cuenta de que necesita un objetivo a largo plazo que tendrá un gran impacto en la asignación de sus activos.

Capítulo Ocho: 5 Mentiras que le han dicho sobre la inversión

Hay muchas mentiras que se han dicho a la gente sobre la inversión. Algunas de estas mentiras son egoístas. Se le ha mentido a la gente porque la persona que dice esta mentira no sabe nada mejor o se ha fallado a sí misma y no quiere que usted fracase.

Otras personas han tenido éxito y no quieren que usted logre sus metas. Así que ahora mismo, desacreditaremos 5 mentiras que te han dicho sobre invertir.

Número uno: necesitas ser millonario o tener mucho dinero para empezar a invertir.

Esto no es cierto en estos tiempos. Sí, en el pasado los mercados de valores eran sólo para los ricos y acaudalados, pero las puertas se nos han abierto a la gente común hace mucho tiempo.

Con la ayuda de Internet, invertir en el mercado de valores es mucho más accesible ahora. Puede comprar y vender acciones desde la comodidad de su salón o dormitorio. Los corredores de descuento también han hecho muy asequible la compra y venta de acciones. Anteriormente, usted tendría que pagar cientos de dólares sólo para comprar o vender acciones. Ahora tu comisión puede ser tan baja como $4.99 o incluso gratis si estás usando una aplicación como **Robinhood**.

Tampoco necesita miles de dólares para comprar acciones. Puede empezar comprando una acción de una compañía como Coca-Cola, que tiene un precio de 46 dólares en este momento.

También es mejor empezar con un poco de dinero que invertir un millón de dólares desde el principio. La razón de esto es que con pequeñas cantidades de dinero usted puede experimentar y divertirse mientras aprende los entresijos del mercado.

Imagine su primera vez invirtiendo con un millón de dólares; probablemente estaría demasiado asustado o cauteloso con el dinero esperando no perder ni un solo centavo en el mercado.

Número 2: No tengo suficiente o no gano suficiente dinero para empezar a invertir

Ahora, esta es una continuación de la última mentira. Cualquier cantidad pequeña de dinero que usted pueda ahorrar le ayudará, aunque sólo sean $10 a la semana. Estos 10 dólares suman $520 al final del año y definitivamente puede empezar a invertir con $520. Comience a ahorrar para invertir ahora y su yo futuro se lo agradecerá.

Mire dónde podría ahorrar un par de dólares durante la semana. Podría significar salir a comer menos durante la semana o un viaje menos a Starbucks a la semana. Eso es si te gusta Starbucks, por supuesto.

Un cambio de mentalidad hará maravillas. En lugar de decir que no me sobran $10, cámbielo por cómo puedo ahorrar $10 a la semana. Pedaleará en su subconsciente a toda velocidad y antes de que se de cuenta terminará ahorrando incluso más de $10 a la semana.

Número 3: invierta ahora porque el mercado a largo plazo siempre ha tenido un rendimiento del 7%.

El número tres es difícil. Escuchará a los asesores financieros e incluso a la gente de los medios de comunicación decir esto. La razón por la que hay que tener cuidado con este es que el futuro es impredecible.

Nadie puede predecir lo que el mercado hará o devolverá en un año determinado. Si el mercado subió un 10% el año pasado eso no significa que subirá otro 10% en el futuro. Sin embargo, por otro lado, permanecer al margen, porque no se sabe lo que el mercado hará es arriesgado en sí mismo.

La gente suele hablar de los beneficios a largo plazo para tranquilizar su mente y conseguir que usted invierta. Si te mantienes al margen no sólo no crecerá tu dinero, sino que perderá su poder adquisitivo, debido a la inflación anual.

Número cuatro: No invierto porque el mercado de valores es demasiado arriesgado.

Esta sigue muy bien con la mentira número 3. Sí, si usted no tiene al menos algún conocimiento básico sobre la inversión, entonces será demasiado arriesgado, pero con la ayuda de planificadores y asesores financieros, no hay necesidad de tener miedo. Además, muchos inversionistas hacen por lo menos algo de auto-educación leyendo libros de inversión y escuchando algunos audiolibros.

Tenga en cuenta que hay un riesgo relacionado con cualquier cosa que haga. Si no quiere invertir y prefiere mantener el dinero debajo de su colchón, se está abriendo a los ladrones, a los fuegos de las casas o incluso a su perro que podría terminar comiendo o triturando su dinero.

Si usted piensa que dejar su dinero en el banco o en su cuenta de ahorros es el camino a seguir, piénselo una vez más. Con el mísero 1% o menos de interés que usted gana, el poder adquisitivo de su dinero está siendo consumido por la inflación.

Si la inflación media es del 3% anual, el dólar de hoy vale un 3% menos el año que viene, es decir, 0,97 dólares.

Número 5: Usted necesita ser un experto para comenzar a invertir

De hecho, es necesario tener algunos conocimientos básicos sobre cómo funciona el mercado de valores, pero no es necesario ser Warren Buffett para empezar. Edúcate leyendo libros (este es un buen comienzo).

Una vez que haya ganado su confianza, puede empezar por invertir una pequeña cantidad de dinero. Dinero que no te importaría perder. Al invertir una pequeña cantidad, usted se prepara psicológicamente para el crecimiento, porque una vez que vea crecer sus inversiones, aumentará su confianza y conocimiento para invertir más, de una manera responsable, por supuesto.

Espero haber sido capaz de motivarlo al desacreditar algunas de las mentiras más comunes que a menudo oigo decir a los inversionistas ansiosos.

Capítulo Nueve: 25 Consejos para Invertir en la Bolsa de Valores

Antes de comenzar a invertir, es posible que tenga un par de preguntas o inquietudes. He enumerado 25 de las cosas más comunes que he notado de los nuevos inversionistas y cómo prepararse para el éxito.
Vamos a empezar!

Escriba sus metas

Si no sabe adónde va, no hay necesidad de empezar. Asegúrese de anotar sus metas de inversión y sea específico con el cronograma.

¿Quiere tener $500,000 en su cuenta de jubilación en 15 años? ¿O quieres tener un millón de dólares en 10 años?

¿Cuál será su estrategia de inversión para adquirir esta riqueza? ¿Y cómo será la mezcla de valores de su cartera? ¿Su cartera consistirá en un 70% de acciones, un 25% de bonos y un 5% de efectivo?

Escribir sus metas le dará una idea más clara de lo que quiere lograr y cómo hacerlo.

Empiece a invertir temprano

Cuanto antes empiece a invertir, más rápido no sólo crecerá su dinero, sino que también podrá jubilarse más rápido (dependiendo de su meta financiera).

¿Qué tan temprano debe comenzar? Cuando consigas tu primer trabajo. No importa si se trata de un trabajo de minorista o de camarero en un restaurante. Usted quiere adquirir el hábito de pensar en su futuro ahora y apartar dinero para invertir, para no tener que trabajar el resto de su vida.

Comenzar su viaje de inversión en una etapa temprana de su vida también tiene el beneficio de ver cómo crece su dinero, lo que le dará la confianza para invertir aún más.

La inflación se come su dinero

Usted podría abstenerse de invertir en el mercado de valores porque ha escuchado lo arriesgado que puede ser y cuánta gente ha perdido mucho dinero en él.

Pero, mantener su dinero debajo de su colchón o incluso en una cuenta de ahorros también es muy arriesgado, debido a la inflación.

La inflación es el aumento del costo de los bienes que disminuye el valor del dinero. Una barra de chocolate hoy puede costar $1, pero el próximo año podría costar $1.05. Así que ese mismo dólar que tienes hoy no tiene valor en el futuro porque tiene un **poder adquisitivo decreciente.**

El mercado de valores permite que su dinero no sólo mantenga su poder de compra, sino que también puede hacer crecer su dinero más rápido que la inflación.

Haga su investigación

No sólo es bueno, sino que también es necesario investigar para ver en qué negocios y compañías está invirtiendo en el mercado de valores. Casi todo lo que necesita saber sobre las diferentes acciones, bonos y fondos mutuos se puede encontrar de forma gratuita en Internet. Me abstendría de pagar dinero para obtener información sobre el mercado de valores.

Lo último que usted quiere es invertir en una estafa o en una compañía que está perdiendo dinero y no está obteniendo ganancias, lo que podría hacer que usted pierda dinero a largo plazo. Esto les pasa a muchos inversores desprevenidos.

Para empezar a investigar, todo lo que necesita es el símbolo de su inversión para empezar. Un símbolo de pizarra es la abreviatura de la compañía, fondo mutuo, fondo índice, fondo de bonos, etc., en el mercado de valores. Usted puede utilizar un sitio como Morningstar.com para hacer su investigación.

Cree sus propias reglas

Las buenas reglas para invertir le dan límites para trabajar. Si usted tiene la regla de no invertir en una compañía sin antes investigarla, se ahorrará una tonelada de dolores de cabeza.

Nadie será capaz de estafarte con consejos calientes sobre acciones que hayan escuchado a través de la vid. Esta es la cantidad de gente que es estafada y embaucada.

Las buenas reglas le dan un nivel de confianza cuando invierte. Le da ese empuje extra cuando duda a la hora de comprar nuevas acciones o inversiones. Te dan una estructura y un plano a seguir.

Puede comenzar con reglas simples y agregar reglas más complejas una vez que tenga más experiencia con la inversión.

Ejemplo de reglas:

El 60% de mi cartera de inversiones consistirá en acciones

Sólo invertiré en empresas que hayan podido aumentar sus beneficios en al menos un 5% durante los últimos diez años.

Voy a reequilibrar mi cartera cada año.

No escuche a todo el mundo

Desconfíe de quién le da consejos. Algunas personas, especialmente en los medios de comunicación, reciben incentivos financieros para decirle en qué invertir.

Además, la familia y los amigos podrían darle un mal consejo de inversión si han oído hablar de un "consejo reciente de acciones" en su trabajo sin hacer ninguna investigación primero.

Tenga en cuenta que el simple hecho de haber oído hablar de una empresa popular o de utilizar sus productos no significa que pueda ser una buena inversión.

Muchas compañías en el mercado de valores nunca obtienen ganancias. Una empresa popular, como Tesla, que cotiza en bolsa con el símbolo TSLA, todavía no es rentable. A pesar de que está aportando una cantidad cada vez mayor de ingresos, sus ingresos netos todavía están en números rojos.

Edúquese constantemente

Siempre me he dicho a mí mismo que si no tienes educación en un tema como invertir, entonces la gente probablemente se aprovechará de ti. Es muy fácil abrir una cuenta de inversión en un banco grande o incluso una cuenta de jubilación en su trabajo. Pero usted debe saber cuáles son sus opciones de inversión, en qué va a invertir y en qué tipo de cargos va a pagar.

El níquel y la reducción de las tarifas podrían costarle miles o incluso cientos de miles durante su viaje de inversión.

También debe tener un conocimiento básico de cómo funcionan las acciones, bonos, fondos mutuos, fondos de índice y otros vehículos de inversión. Vea tres ejemplos a continuación:

Cuando usted compra una acción o acción, está comprando la propiedad de una compañía. Grandes compañías como Apple, tienen acciones en circulación por miles de millones. Por lo tanto, cuando usted compra sólo una o dos acciones, sólo posee una parte muy pequeña de la empresa.

Los bonos son como los pagarés que una compañía o entidad gubernamental le da a usted después de comprar el bono. Cuando usted compra un bono, está entrando en un contrato legal que establece que no sólo le devolverán su dinero original, sino que también recibirá pagos frecuentes de intereses.

Un fondo de inversión colectiva es un fondo que reúne el dinero de diferentes inversionistas y lo invierte en una variedad de valores.

Tener ahorros

Siempre tenga algo de dinero ahorrado para emergencias. Nunca invierta todo su dinero. Siempre existe el riesgo de perder todo el dinero invertido.

Asegúrese de tener algo de dinero ahorrado para emergencias, vivienda, entretenimiento/comida, para comenzar su propio negocio y la universidad.

No olvide que la vida no es predecible, que su coche podría averiarse o que podría sufrir un accidente que le costaría mucho dinero en facturas médicas. Nunca puede estar preparado, pero puede tener algo de dinero reservado.

Diversificar sus inversiones

No invierta todo el dinero que tanto le ha costado ganar en una sola compañía. Eso es extremadamente arriesgado a menos que usted sea una persona que toma riesgos (un gran riesgo, un gran tipo de recompensa).

Asegúrese de que el dinero que invierte esté diversificado, lo que significa que no tiene todo su dinero invertido en una sola acción. Un fondo mutuo podría ser una buena solución para usted.

Los fondos mutuos le permiten reunir su dinero con otros inversionistas e invertirlo en una variedad de valores.

Hace una o dos décadas había una empresa llamada Enron que se declaró en bancarrota después de que se supiera que la empresa mentía sobre sus ganancias y beneficios. Muchos empleados de Enron tenían todo el dinero de su jubilación invertido en la empresa. Cuando Enron se declaró en bancarrota, muchos empleados también terminaron perdiendo sus ingresos de jubilación. Imagínate estar en los 50 y tu inversión se esfuma.

Por eso siempre es inteligente diversificar.

No te pongas sentimental

Invertir puede ser una montaña rusa literalmente emocional. Las subidas y bajadas diarias de la bolsa de valores pueden hacer que te vuelvas loco. Una manera de superar este miedo es invertir en aquello en lo que usted confía.

Esta confianza viene con el conocimiento, la paciencia y el tiempo. Saber y aceptar que invertir tiene riesgos asociados y que usted podría perder dinero lo prepara mentalmente para cualquier recesión que pueda ver en el mercado de valores.

No confíes en la suerte y los milagros

Si usted mira el mercado de valores como su manera de hacerse rico rápidamente, entonces usted podría estar preparándose para el fracaso. No me malinterpreten, es posible tomar $10.000, invertirlos y convertirlos en millones porque ya se ha hecho antes.

Pero esta estrategia de inversión es extremadamente arriesgada y la mayoría de las personas están mejor preparadas para manejar mentalmente el proceso más largo y lento de hacerse rico.

Suponga que puede perderlo todo

Si puedo perderlo todo, ¿por qué iba a invertir en primer lugar? Bueno, hay una razón por la que agregué este consejo. En primer lugar, se supone que no se debe tener todo el dinero en el mercado de valores.

Cuando usted es más joven puede asumir más riesgos, porque puede recuperarse de las pérdidas tempranas. Pero cuando esté en su edad de jubilación, debería pensar en invertir en valores más conservadores que podrían no aumentar de valor tan rápido como las acciones, pero que evitarán que su dinero se agote.

Dos de estos valores son bonos y anualidades.

Tienen timadores de costado

Además de tener un trabajo o una carrera y sus inversiones, ¿qué más está haciendo para conseguir algo de dinero adicional? En la sociedad actual, la seguridad del empleo está en su punto más bajo de todos los tiempos y muchas personas están desempleadas, subempleadas o trabajando a tiempo parcial para pagar las cuentas.

Está en su beneficio tener algunos flujos de dinero adicionales. Usted podría trabajar a tiempo parcial para ganar algo de dinero extra, pero los principales en los que debe pensar son las propiedades de inversión, las acciones de dividendos, las regalías (por ejemplo, de la venta de libros) y su propio negocio.

Si tienes una pasión, como la fotografía, el dibujo o la edición de vídeo, podrías hacer un trabajo independiente y posiblemente convertirlo en una empresa a tiempo completo. Siempre mantén los ojos abiertos para ver si hay oportunidades.

El mejor momento para empezar es ahora mismo

Siempre recibo quejas de personas mayores de que han perdido el barco y que son demasiado viejas para empezar a invertir. Esto no es cierto en absoluto, no importa si tienes 20 o 50 años, es muy importante invertir, incluso si empiezas con una pequeña cantidad.

Siempre hay una oportunidad de hacer buen dinero en el mercado de valores. Sin embargo, eso no significa que deba comenzar a operar durante el día con el dinero que ha invertido si es mayor para "ponerse al día". Esto es sólo una receta para el desastre, ya que usted estará demasiado involucrado emocionalmente para tomar las decisiones comerciales correctas.

Inversión de dividendos

Le contaré un pequeño secreto. Sólo invierto en empresas que pagan dividendos y que los aumentan más rápido que la inflación.

Los dividendos son ganancias que una compañía paga a sus accionistas. Para obtener un dividendo, usted necesita poseer por lo menos una acción en una compañía que paga dividendos.

Estos dividendos no sólo aumentan mi riqueza con el tiempo, sino que también me dan tranquilidad, debido a su flujo constante de ingresos.

No sólo disfruto del dividendo, sino que también veo que mis acciones aumentan de valor. Ahora, sólo compro estas acciones cuando están **infravaloradas**, lo que significa que están operando por debajo de su valor de mercado.

Ejemplos: Ingreso de bienes raíces, McDonald's, TROWE Precio

Inversión de crecimiento

Un inversor en crecimiento es un inversor al que le gusta comprar bajo y ver crecer sus inversiones. Eventualmente, venden a un precio más alto que el precio por el que compraron su inversión. La mayoría de los inversores están en crecimiento.

Los valores tecnológicos son buenos valores a tener en cuenta porque tienden a aumentar de valor muy rápidamente.

Ejemplos: Facebook, Oracle, Microsoft

Empieza de a poco

Una queja que oigo es que la gente me dice: "Si tuviera un millón de dólares, podría empezar a invertir".

Esto no sólo no es cierto, porque usted puede empezar a invertir con tan sólo $10, sino que también se recomienda empezar con poco.

La razón más grande para empezar con poco es para sentirse cómodo con la inversión. Si usted comenzó sólo invirtiendo, digamos $100 y ve que su dinero aumenta y disminuye constantemente, es divertido ver el rendimiento de su inversión diariamente.

También comenzará a ganar la confianza y el conocimiento para invertir de forma más inteligente, lo que le llevará a invertir cantidades mayores.

Ahora, veamos eso desde el otro lado. Digamos que usted heredó un millón de dólares y que tiene la tarea de invertir ese dinero. Nunca has invertido antes porque siempre te has dicho a ti mismo que necesitas más dinero y ahora por fin lo tienes.

Adivina qué, estarás demasiado asustado para invertir un millón de dólares. No tienes la experiencia y el conocimiento.

Si usted comenzó invirtiendo pequeñas cantidades durante años y de repente recibió este millón de dólares depositado en su regazo, tendrá la confianza para invertir esta cantidad, porque ya ha visto lo que funciona y lo que no funciona mientras estaba invirtiendo pequeñas cantidades.

Vive tu vida

Nunca deje que el mercado de valores controle su vida diaria. Las subidas y bajadas diarias del mercado afectan a muchos inversores. Cuando el mercado está en su punto más alto, los inversores se sienten bien, se ponen a trabajar de buen humor y se duermen con la mente despejada.

Pero cuando el mercado se tambalea, muchos inversores sienten que acaban de recibir una patada en el estómago. Están tristes, enojados, irritados y de muy mal humor.

Además, no se vuelva tan frugal que sólo quiera invertir todo su dinero en el mercado de valores y decirse a sí mismo que vivirá una vida divertida cuando se jubile.

Si quiere irse de vacaciones o comprarse algo bonito, adelante, hágalo.

Apéguese a lo que le hace sentir cómodo

Todo el mundo tiene su zona de comodidad a la hora de invertir. Algunas personas toman riesgos y harían bien en invertir en acciones de un centavo o en operaciones diarias. Otros inversores son más conservadores y prefieren invertir en valores que no sean demasiado arriesgados y que les permitan preservar su patrimonio.

Siempre apéguese a lo que es cómodo para usted. Si no le gusta analizar y elegir acciones individuales en las que invertir, probablemente sea mejor invertir en fondos mutuos o fondos indexados.

Si usted es alguien que prefiere no invertir por su cuenta y necesita ayuda, una firma de inversiones que ofrezca un servicio completo de corretaje es probablemente lo mejor para usted.

Sólo asegúrese de esforzarse siempre para aprender más sobre la inversión, porque al final del día este es su dinero y usted es el responsable final de su jubilación.

Diviértase

Seré el primero en decirle que invertir puede ser bastante aburrido y poco interesante. A algunas personas no les gusta analizar las compañías y mirar los números financieros.

Usted debe tratar de averiguar qué es lo que más le gusta de invertir y perfeccionarse en eso específicamente.

Tal vez le guste ver crecer su dinero, o tal vez le guste ver cómo aumentan sus ingresos de dividendos mes tras mes, también le gusten otras formas de ganar dinero, como la venta en descubierto o el comercio de opciones. Sea lo que sea, trate de divertirse invirtiendo

Utilice la tecnología a su favor

Tenemos mucha suerte de poder utilizar nuestros portátiles o incluso un pequeño dispositivo como nuestro teléfono móvil para comprar inversiones o para investigar acciones. El avance de la tecnología también ha hecho que sea muy asequible y rápido comprar inversiones.

Esto significa que usted puede negociar acciones sin importar en qué parte del mundo se encuentre. Todo lo que necesitas es una conexión a Internet.

En los viejos tiempos, usted tendría que llamar a su corredor y pagar una comisión muy alta para poner una orden. Hoy en día tienes aplicaciones, como Robinhood, que están libres de comisiones.

Tampoco es necesario que se registre para obtener una cuenta de corretaje completa. Usted puede ir con un corredor de descuento, como Ally.com que tiene bajos costos de operación.

Estudiar a los grandes

Warren Buffett, Benjamin Graham, Charlie Munger, asegúrese de leer libros sobre los multimillonarios inversores, cómo amasaron toda su riqueza y qué hacen para mantenerla.

Esto lo preparará a pensar cómo piensan y se comportan los muy ricos. También le mostrará cómo algunos han convertido pequeñas cantidades de dinero en grandes riquezas. A todo el mundo le gustan las historias de harapos a las de riquezas.

No se enamore de sus inversiones

Toda inversión se venderá si no está funcionando como debería. Esta es una de mis reglas. No mezclo mis sentimientos personales con la inversión.

Es divertido decirle a su familia y amigos que tienes acciones de Disney o incluso de Pepsi, pero si estas acciones no me dan dinero, termino vendiéndolas.

Por eso me gusta analizar las finanzas de una empresa (informes anuales), para ver si siguen siendo financieramente sólidas.

Sepa en qué está invirtiendo

Antes de seguir los consejos de cualquier persona, especialmente de cualquier planificador financiero, asegúrese de saber en qué está invirtiendo. Hay muchos estafadores a los que nada les gusta más que una persona sin pistas de la que pueden aprovecharse usando algunos términos de la industria para sonar educados sobre el tema.

Si está invirtiendo en un fondo de inversión colectiva o incluso en un ETF, asegúrese de obtener el símbolo de esta entidad para investigar sobre las compañías en las que está invirtiendo.

A algunos inversionistas no les gusta invertir en compañías de armas o prisiones, pero si usted está invirtiendo en fondos índice populares, es más que probable que también esté invirtiendo en estas instituciones. Además, si una empresa no se comporta de manera ética, ¿seguiría queriendo invertir en ella?

Rompe las reglas

Sólo te dije que crearas tus reglas y ¿ahora ya le estoy diciendo que rompa esas reglas? Sí, aquí está el por qué. Siempre debe experimentar con su estrategia de inversión. Es bueno tener reglas, pero de vez en cuando puede que tengas que romperlas.

Invertir debe ser divertido y si usted está atascado en reglas rígidas, puede llegar a ser aburrido muy rápidamente. El truco es romper las reglas, pero tomar pequeños riesgos.

Por ejemplo, usted quiere empezar a invertir en criptomonedas, pero tiene la regla de no invertir en valores de alto riesgo.

Usted tiene el presentimiento de que le irá bien con esta inversión. Adelante, compre una pequeña cantidad de criptomonedas monedas. No haga todo lo posible y gaste el 50% de su cartera en comprar esta divisa.

Comparta sus conocimientos

Una vez que usted tiene algún conocimiento en su haber de invertir en el mercado de valores, usted tiene sus reglas de oro, y usted está seguro de sus habilidades de inversión, usted debe compartir su conocimiento con otros.

Puede empezar por educar a su familia y amigos para que se sientan cómodos con la inversión.

Sorprendentemente, hay muchos conceptos erróneos sobre la inversión y muchas personas han sido quemadas varias veces al invertir en acciones equivocadas. Esto por lo general termina por dejarles cicatrices de por vida y ya no le pondrán la mano encima a ninguna inversión.

Aquí es donde usted puede entrar y mostrarles cómo ha estado invirtiendo con éxito.

Créame, se siente bien poder ayudar a un miembro de la familia y asegurar su futuro financiero. Hablar con la gente sobre su experiencia en inversiones también le permitirá conocer a inversionistas con ideas afines que llevarán sus habilidades de inversión al siguiente nivel.

Recursos de la campaña

A continuación encontrará una lista de fuentes de Internet gratuitas que puede utilizar para su investigación:

Morningstar.com

Gurufocus.com

StockCharts.com

Finviz.com

Finanzas.Yahoo.com

Google.com/Finanzas

Tenga en cuenta sólo para utilizar la versión gratuita de algunos de estos sitios.

Capítulo Diez: Ideas de Ingresos Residuales (capítulo de bonos)

Capitulo Diez: Ideas de Ingresos Residuales (capitulo de bonos)

Veamos tres métodos para obtener un ingreso residual que lo llevará a la libertad financiera.

Si se mueres por dejar tu trabajo, vivir la vida que te mereces o simplemente quieres tener más libertad para hacer lo que quieres, entonces te gustará este capítulo. El ingreso residual es el ingreso que usted genera pasivamente. Por lo tanto, el dinero sigue llegando a su camino sin importar si usted no está trabajando o incluso durmiendo.

No voy a mentirle y decirle que es fácil obtener un flujo de ingresos residuales, pero vale la pena. Porque una vez que usted tiene esta configuración de la corriente de ingresos residuales, sólo necesita mantenerla pasivamente.

Negocios en línea

El primer método para obtener un ingreso residual es a través de un negocio en línea. Esto puede ser hacer dinero de los anuncios mientras blogueas o hacer dinero de tu canal de YouTube. También puede crear su sitio de comercio electrónico o vender los productos de otras empresas y obtener una comisión, que también se llama marketing de afiliación.

Otra forma popular de obtener un ingreso residual es recibiendo cheques de regalías mediante la venta de libros físicos, libros electrónicos, música o fotos. A pesar de que usted puede hacer dinero con estas ideas, hay una tonelada de competencia, porque los negocios en línea son muy populares y la gente subestima lo difícil que es hacer una cantidad decente de dinero con estas ideas.

Con toda la competencia también significa que los mercados en línea están inundados de productos y servicios mediocres. Así que incluso si entras en escena con el mejor producto del mercado, no te destacarás. Es entonces cuando tienes que pensar en cómo quieres publicitar tus productos o servicios para superarte a todos los demás productos mediocres y convertirte en el líder en tu campo.

Permítanme subrayar que tener un producto o servicio por sí solo es sólo la mitad del trabajo. Usted también necesita obtener visibilidad a través de la publicidad, ya sea que se trate de marketing de medios sociales, marketing de PPC o marketing boca a boca depende de usted.

Siempre es bueno hacer un análisis competitivo y ver cómo su competencia está promocionando sus productos.

Otro problema con los negocios en línea es la longevidad. Muchas de estas empresas pueden estar hoy aquí y mañana no porque la competencia acaba de empujarlo fuera del mercado, sus productos o servicios se han vuelto obsoletos o no puede mantenerse al día con los cambios tecnológicos o publicitarios, lo que no le permite obtener toda la exposición necesaria para seguir siendo relevante.

Por lo tanto, no se establece y se olvida, se dice y se mantiene.

Todo lo que no se considera pasivo lo dejé fuera de la lista. Por lo tanto, el trabajo independiente y la consultoría sólo funcionan mientras usted está físicamente presente, si no, no se le pagará. Esto anula el propósito de generar ingresos residuales.

Bienes Raíces

La segunda manera de obtener un ingreso residual es a través de los bienes raíces. No estoy hablando de cambiar de casa porque eso requiere demasiado trabajo para comprar y vender. Tampoco es pasivo.

La atención debe centrarse en las propiedades de renta que el flujo de caja. Lo que significa que después de que todos los gastos son contabilizados, usted sale con una ganancia neta.

Sus inquilinos le pagan el alquiler mensualmente. Con estos pagos de alquiler, usted paga la hipoteca (si la hay), el seguro del hogar, los impuestos, los gastos de capital, etc. Si usted compra en el lugar adecuado, contrate al administrador de la propiedad adecuado y ejecute sus números, usted puede tener un buen ingreso estable.

Usted no romperá el banco con sólo comprar una propiedad empezando y mientras más propiedades compre y tome una hipoteca, aumentará la cantidad de su deuda. Esta acumulación de deudas también dificultará el proceso de aprobación de préstamos adicionales.

Aquí es cuando tienes que ser creativo con la financiación de tus compras. Los prestamistas privados o los prestamistas de cartera podrían ser dos opciones para probar.

Los pagos del alquiler le permiten generar ingresos residuales y cuantas más propiedades posea, mayores podrían ser sus ingresos residuales.

También hay muchos beneficios fiscales asociados con la actividad inmobiliaria. Este no es un método de hacer una tonelada de ingresos residuales rápido, pero es estable y crece muy bien con cada propiedad adicional. Muchos millonarios deben sus riquezas a los bienes raíces, lo que les da la flexibilidad y la libertad de viajar y ser su propio jefe.

Una buena manera de empezar es comprar casas unifamiliares, duplex, triplex o quads. Estos son considerablemente más baratos que los bienes raíces comerciales o los complejos de apartamentos.

Usted puede comenzar con bienes raíces residenciales o probar con franquicias y bienes raíces comerciales una vez que tenga las habilidades y el dinero ahorrado.

Acciones de pago de dividendos

El tercer método y si usted ha estado prestando atención a mi libro, usted sabe lo que es: hacer que los ingresos residuales a través de acciones que pagan dividendos.

Hay un grupo de empresas que pagan parte de sus ingresos netos como dividendo a los accionistas. Sin embargo, no vale la pena invertir en todas estas empresas. Por lo tanto, es muy recomendable analizar el desempeño de una empresa.

La belleza de invertir por dividendos es que se está creando una buena corriente de ingresos residuales que debería crecer más rápido que la inflación. Las compañías aumentan sus pagos de dividendos y al comprar constantemente las acciones de dividendos correctas y reinvertir esos dividendos para comprar acciones completas o parciales, usted sobrecarga sus ingresos de dividendos.

Sólo tenga en cuenta que tendrá que pagar impuestos sobre el ingreso de sus dividendos dependiendo del tipo de cuenta de inversión que esté utilizando.

También es muy fácil de empezar porque no necesitas tener una tonelada de dinero. Usted puede comenzar comprando una sola acción de una compañía que paga dividendos.

Muchas de las personas más ricas del mundo tienen compañías que pagan dividendos en su cartera. Tipos como Warren Buffett, Charlie Munger e incluso Bill Gates.

Ahora, los dos últimos métodos para obtener ingresos residuales, bienes raíces e inversión, los llamo dinero viejo, porque han sido los pilares de la generación y el mantenimiento de la riqueza.

Los negocios en línea, sin embargo, pueden ser complicados. Un mes podrías estar ganando mucho dinero, pero el siguiente mes podría ser todo lo contrario. Si desea jugar de manera inteligente y segura, debe diversificar sus fuentes de ingresos, de modo que tenga dinero procedente de diferentes fuentes.

Capítulo Once: Conclusión

Como principiante, invertir en el mercado de valores puede ser bastante desalentador, así que no se preocupe si siente que está perdido. He estado allí y muchos inversores exitosos también se sintieron así cuando compraron sus primeras acciones. Una vez que usted tome ese salto de fe, será más fácil.

También es mejor empezar a invertir con una pequeña cantidad de dinero y controlar los resultados. Esto le dará la confianza y la motivación para seguir adelante. Una vez que tenga algo de experiencia, puede empezar a tomar riesgos calculados.

Como siempre, necesitas educarte constantemente, de lo contrario, cometerás errores. Pero el simple hecho de que haya llegado hasta aquí me dice que está dispuesto a hacer lo que sea necesario para mejorar su futuro financiero.

Usted tiene lo que se necesita para tener éxito y hacerse cargo de su futuro con confianza.

Gracias

Me gustaría agradecerles desde el fondo de mi corazón por acompañarme en este viaje. Hay muchos libros de inversión por ahí, pero decidiste darle una oportunidad a este.

Si te gustó este libro, ¡necesito tu ayuda!

Por favor, tómese un momento para dejar una crítica honesta para este libro. Esta retroalimentación me da una buena comprensión de los tipos de libros y temas sobre los que los lectores quieren leer y también le dará a mi libro más visibilidad.

Dejar una revisión toma menos de un minuto y es muy apreciado.

www.ingramcontent.com/pod-product-compliance
Lightning Source LLC
Chambersburg PA
CBHW071513210326
41597CB00018B/2738

* 9 781087 853000 *